Jameson, Fredric / La literatura del tercer mundo en la era del capitalismo mundial / Fredric Jameson. –1a ed.–Ciudad Autónoma de Buenos Aires: EGodot Argentina, 2026. 88 p.; 20 x 13 cm.

Traducción de: María Marcela Alonso.

ISBN 978-84-19990-65-5
Depósito legal: M-24733-2025

Título original *Third-World Literature in the Era of Multinational Capitalism* (1986)

Traducción María Marcela Alonso
Prólogo Juan Mattio
Edición Noelia Laudisi De Sa
Corrección Federico Juega Sicardi
Diseño de tapa e interiores Víctor Malumián
Ilustración de Fredic Jameson Max Amici

© **Ediciones Godot**
www.edicionesgodot.com.ar
info@edicionesgodot.com.ar
Facebook.com/EdicionesGodot
Twitter.com/EdicionesGodot
Instagram.com/EdicionesGodot
YouTube.com/EdicionesGodot
Buenos Aires, Argentina, 2026

Impreso en España
Artes Gráficas Cofás, S.A,
Móstoles, Madrid, febrero de 2026

La literatura del tercer mundo en la era del capitalismo mundial

Fredric Jameson

Traducción
María Marcela Alonso

Prólogo
Juan Mattio

En defensa de la literatura menor

Juan Mattio

L A OBRA CRÍTICA DE Fredric Jameson orbita en el campo de la teoría como un satélite solitario y, a la vez, imprescindible para comprender lo que él mismo llamó *lógica cultural del capitalismo tardío.* Sus aportes desde el campo del marxismo —un marxismo, hay que decirlo, situado en los Estados Unidos y, dentro de ese universo, sobre todo en el ámbito académico— fueron fundamentales para mantener, después de la caída de los socialismo reales y el clima de victoria generalizada que ofreció el neoliberalismo a partir de los años ochenta, un foco de teoría radical ahí donde el relativismo lingüístico, especialmente azuzado por la escuela francesa, parecía estar arrasando con cualquier propuesta de volver a la idea básica de que existe y está en curso una guerra entre clases sociales. Desde este punto de vista, es difícil pensar en la producción de autores más jóvenes como Mark Fisher, o incluso como Slavoj Žižek, sin la influencia de Jameson (y, tal vez, la polémica con él).

Su capacidad, por otro lado, para poner en relación el campo del marxismo con esa sustancia esquiva llamada *deseo* —que viene, por supuesto, de la teoría psicoanalítica— lo introduce en una conversación que se negó a aceptar las formulaciones teóricas oficiales que se desplegaban en las vías culturales del socialismo oficial. Más cercano a autores como Walter Benjamin o, en general, la Escuela de Fráncfort, desplegó sus hipótesis teniendo en cuenta eso que nombró como *inconsciente político* y que le permitió construir una serie de ideas que prescindían de las tesis mecanicistas del marxismo vulgar.

Y este libro, que ahora presenta Ediciones Godot, nos propone un Jameson con intención de pensar el tercer mundo y, en especial, América Latina. Pensarlos desde su producción literaria, es decir, desde sus comportamientos imaginarios donde se desplazan y se condensan los restos diurnos del mundo social. No es esta la primera vez que nuestro continente ingresa a su territorio reflexivo. En un prólogo de 1989 a *Calibán*, de Roberto Fernández

Retamar, Jameson ya había ensayado algunas ideas sobre nuestra producción literaria preguntándose, por ejemplo, si existe algo que pueda ser llamado cultura latinoamericana. La cual no es una pregunta menor si tenemos en cuenta que la idea de una unidad cultural continental es, de mínima, novedosa y arriesgada. Novedosa en tanto que la idea de cultura nacional prevaleció durante dos siglos sobre la de una identidad latinoamericana. Arriesgada en la medida en que engloba distintos usos de la lengua, diferentes maneras y concepciones en la producción artística, enormes desigualdades socioeconómicas y asimetrías en relación con el contacto y la influencia con otras zonas culturales.

En este libro, en cambio, Jameson va a indagar otro tipo de problemas. En lo esencial, la relación entre el canon —fundamentalmente europeo y estadounidense— y la posición que el tercer mundo puede tomar en relación con ese dispositivo de prestigio. Por ejemplo: "Si el propósito del canon es restringir nuestras afinidades estéticas, desarrollar una gama de percepciones profundas y sutiles que solo es posible ejercitar con la lectura de un corpus pequeño y selecto de textos, desalentar la lectura de cualquier otro texto o impedir que esos textos se lean de diferentes maneras, entonces el canon es empobrecedor para el ser humano". La idea que subyace parece ser la de que el canon es solo una *forma de leer*, una manera en la que se nos predispone a la recepción de textos con la expectativa de encontrar ciertas características y cualidades. Dicho de otro modo, si el canon se presenta a sí mismo como la selección de *lo mejor* es porque presupone que la literatura *es* o *debe ser* de determinada manera. La propuesta de este ensayo nos obliga a identificar la operación ideológica que esa afirmación esconde. No habría una sola forma de leer y, por lo tanto, no habría una sola forma de concebir la práctica literaria.

Cuando Jameson dice: "La forma en que todo esto afecta el proceso de lectura parece ser el siguiente: como lectores occidentales cuyos gustos (además de otras cosas) fueron formados por nuestros propios modernismos, una novela del tercer mundo, popular o realista social, tiende a parecernos, no de inmediato, como algo que ya hemos leído", está abriendo un desarreglo temporal que deberíamos mirar de cerca. En principio, porque parece describir una literatura —la latinoamericana— *que escribe lo que ya fue escrito* en las culturas centrales. Es posible notar que acá ya no discutimos la pertinencia del canon como instrumento de organización del campo literario; lo que se nos propone es una distribución desincronizada —con cierto eco condescendiente, también hay que decirlo— en lo que podríamos llamar una *división mundial del trabajo literario.*

Este tipo de maniobras teóricas fueron, muchas veces, fundadoras de cierta expectativa europea sobre las literaturas latinoamericanas. Se nos demandaba —y todavía se nos demanda— la producción de un tipo de literatura que tuviera que ver con esa concepción que, al fin de cuentas, no hace más que reforzar la tensión entre centro y periferia.

Y esto fue visto, por ejemplo, por el escritor peruano Mario Bellatin cuando en una entrevista para *Entre libros* decía: "No sabemos qué estaba pasando por ejemplo en Europa, donde después de la Segunda Guerra Mundial se necesitaba una literatura determinada, y justamente lo que estaban haciendo Robbe-Grillet o Perec, etc., estaba yendo a reflejar esa tragedia, esa destrucción, ese no ir más, y curiosamente nos echaron el pato a nosotros, los latinoamericanos, que teníamos que cumplir el rol de escribir las literaturas que ellos no podían hacer. Entonces Latinoamérica como un espacio de salvación de estas literaturas nos significó retroceder al siglo XIX. Para mí era demasiado curioso y hasta sospechoso que nos obligaran —en esa época— a hacer la literatura que ellos precisamente no podían

hacer. Porque si ellos hacían una literatura naciona-
lista, costumbrista, indigenista, realismo urbano, no
sé, todo lo que supuestamente conforma ese canon
latinoamericano, devenía en una literatura fascista,
porque si eso lo hacían en Alemania pues era fascis-
mo puro".

La hipótesis de Jameson parece responder,
entonces, a una discusión pertinente sobre la idea
de una *literatura mundial*, pero su contrapropues-
ta nos sitúa, como latinoamericanos, en un ámbito
relegado y acaso empobrecido de la discusión. Es
inevitable volver, en este punto, al Borges de "El
escritor argentina y la tradición" cuando plantea
que las posiciones culturales periféricas deben hacer
usos —espurios— de todas las culturas, incluyen-
do las centrales, sin resguardarse en ningún tipo de
localismo o regionalismo refractario. La condición
artificial de toda tesis que proponga un *ser nacional*
(ya sea en un país o en un continente) fue la llave
que permitió a Borges escribir, precisamente, en sin-
cronía con las propuestas literarias más arriesgadas
de su tiempo. La diferencia sustancial entre escribir
desde la periferia y no *para* la periferia.

En algún punto, eso mismo que se supone que
está afirmado por el canon, durante el siglo xx, se
escribió siguiendo la estrategia de Borges: ¿qué es

Kafka sino un judío checo que escribe en alemán? ¿Qué es Joyce sino un irlandés que reniega de la tradición celta y el gaélico, hace uso de Shakespeare, y escribe lo que ningún inglés de su siglo pudo escribir en su lengua? ¿Qué son Beckett, Nabokov, Katherine Mansfield? Como pensaban Deleuze y Guattari en *Por una literatura* menor, el canon fue asaltado por la periferia: "Incluso aquel que ha tenido la desgracia de nacer en un país de literatura mayor debe escribir en su lengua como un judío checo escribe en alemán o como un uzbeko escribe en ruso. Escribir como un perro que escarba su hoyo, una rata que hace su madriguera. Y, para ello, encontrar su propio punto de subdesarrollo, su propia jerga, su propio tercer mundo, su propio desierto".

Entonces, a pesar de los cambios y las mutaciones que configuran nuestra época, el canon, en tanto forma de lectura específica, si bien es mayormente construido y modelado en instituciones de los países centrales, no merece una respuesta defensiva —cierto nacionalismo, en este caso—, sino más bien un ataque en sus cimientos desde la periferia. Y ese ataque depende, creo, de toda la astucia de la que seamos capaces de convertir el tercer mundo en una posición desde la cual enunciar, y no, en cambio, una realidad que necesita ser representada. Utilizar el canon y las culturas centrales. Apropiárselas. Usarlas *mal*. Borronear su fisonomía. Desmarcarlas de su origen. Aportar nuestra propia monstruosidad. Volver así marginal lo que se pretende, ideológicamente, el centro.

Fredric Jameson

La literatura del tercer mundo en la era del capitalismo mundial

A JUZGAR POR ALGUNAS CONVERSACIONES recientes entre intelectuales del tercer mundo, observamos ahora un retorno obsesivo a la propia situación nacional, el nombre del país que se repite una y otra vez como el eco de un gong, la atención colectiva enfocada en el "nosotros" y en lo que tenemos que hacer y en cómo lo hacemos, en lo que no podemos hacer y lo que hacemos mejor que esta o aquella nacionalidad, en nuestras características únicas, en síntesis, en el nivel del "pueblo". Los intelectuales estadounidenses no hablan sobre "Estados Unidos" de esta manera, y podríamos pensar que todo el asunto no es más que ese viejo concepto llamado "nacionalismo", eliminado aquí hace tiempo y con toda razón. Sin embargo, un cierto nacionalismo es fundamental en el tercer mundo (y también en las áreas más vitales del segundo mundo) y, por esta razón, es legítimo preguntarse si, al fin y al cabo, es tan malo como parece[1]. ¿El mensaje del primer mundo, más desengañado y más experimentado (el de Europa aún más que el de Estados Unidos), consiste en realidad en exhortar a estos Estados a que superen el nacionalismo lo más pronto posible? En mi opinión, los recuerdos previsibles de Kampuchea y de Irak e Irán no resuelven nada ni sugieren qué debería reemplazar a estos nacionalismos, a excepción quizá de una cultura estadounidense universal y posmodernista.

Es posible presentar muchos argumentos sobre la importancia de formas literarias no canónicas como las del tercer mundo[2] y el interés que despiertan, pero uno de ellos es muy contraproducente, porque toma prestadas las armas del adversario: la estrategia que intenta demostrar que estos textos son tan "grandes" como los que integran el canon. Entonces, el objetivo es demostrar que, para poner

1. Tal vez deberíamos repensar todo el tema del nacionalismo, tal como nos invita a hacerlo el interesante ensayo de Benedict Anderson *Comunidades imaginadas* (México, Fondo de Cultura Económica, 1993) y *Los nuevos nacionalismos en Europa. La desintegración de Gran Bretaña,* de Tom Nairn (Barcelona, Península, 1979).

2. En otro lado argumenté a favor de la importancia de la cultura de masas y la ciencia ficción. Ver Fredric Jameson, "Reificación y utopía en la cultura de masas", en *Signaturas de lo visible*, Buenos Aires, Prometeo, 2012.

un ejemplo de otra forma no canónica, Dashiell Hammett es tan genial como Dostoievski y, por lo tanto, es posible admitirlo en el canon. Es un intento por querer que se borren diligentemente todas las huellas del formato folletinesco o *pulp* constitutivo de los subgéneros y conduce a un fracaso inmediato, en la medida en que cualquier lector apasionado de Dostoievski se dé cuenta rápidamente, después de leer algunas páginas, de que ese tipo de satisfacciones está ausente. No se gana nada pasando por alto, en silencio, la diferencia radical de los textos no canónicos. La novela del tercer mundo no ofrece las satisfacciones de Proust o Joyce, pero hay algo más dañino que eso quizá, y es su tendencia a recordarnos etapas pasadas de moda en nuestro propio desarrollo cultural del primer mundo, que nos lleva a sacar la conclusión de que "aún siguen escribiendo novelas como Dreiser o Sherwood Anderson".

Este desaliento, con su profundo compromiso existencial con los ritmos de la innovación modernista, por no decir con los cambios de la moda, podría ser la base de una argumentación, pero no sería una argumentación moralizadora, sino historicista, que desafíe nuestra reclusión en el presente del posmodernismo y exija una reinvención de la diferencia radical entre *nuestro propio* pasado cultural y las circunstancias y novedades que ahora nos parecen anticuadas.

Pero preferiría argumentar todo esto de otra manera, al menos por ahora[3]: estas reacciones a los textos del tercer mundo son, al mismo tiempo, perfectamente naturales, perfectamente comprensibles *y además* muy provincianas. Si el propósito del canon es restringir nuestras afinidades estéticas, desarrollar una gama de percepciones profundas y sutiles que solo es posible ejercitar con la lectura de un corpus pequeño y selecto de textos, desalentar la lectura de cualquier otro texto o impedir que esos textos se lean de diferentes maneras, entonces el canon es empobrecedor para el ser humano. De hecho, nuestra falta de afinidad por estos textos del tercer mundo, a menudo anticuados, oculta con frecuencia ese temor profundo que sienten los ricos por la manera en la que vive la gente en realidad en otras partes del mundo, una forma de vida que todavía tiene muy poco en común con la vida cotidiana de los suburbios de Estados Unidos. No hay nada particularmente vergonzoso en haber vivido una vida protegida, en no

3. Este ensayo fue escrito para una ocasión especial: la tercera conferencia conmemorativa en honor de mi difunto colega y amigo Robert C. Elliot en la Universidad de California en San Diego. El texto reimpreso es esencialmente igual al que se leyó en la conferencia.

haber tenido que enfrentar nunca las dificultades, las complicaciones y las frustraciones de la vida urbana, pero tampoco es algo para sentirse particularmente orgulloso. Más aún, una experiencia limitada de vida no ayuda, por lo general, a ampliar la gama de afinidades por gente de diferentes tipos (estoy pensando en diferencias que van desde el género y la raza hasta la clase social y la cultura).

La forma en que todo esto afecta el proceso de lectura parece ser el siguiente: como lectores occidentales cuyos gustos (además de otras cosas) fueron formados por nuestros propios modernismos, una novela del tercer mundo, popular o realista social, tiende a parecernos, no de inmediato, como algo que ya hemos leído. Entre nosotros y este texto extranjero sentimos la presencia de otro lector, del Otro lector, para quien una narración, que a nosotros nos parece convencional o ingenua, tiene una frescura con respecto a la información y un interés social que no podemos compartir. El temor y la resistencia que evoco tienen que ver, entonces, con la sensación que tenemos de no coincidir con ese Otro lector, tan diferente de nosotros; la sensación de que para coincidir de una manera adecuada con ese Otro "lector ideal" —es decir, para leer ese texto adecuadamente— tendríamos que renunciar a mucho de lo que es individualmente valioso para nosotros y reconocer una existencia y una situación que nos resultan extrañas y, por lo tanto, aterradoras, porque no las conocemos y preferimos *no* conocerlas.

Volviendo a la pregunta sobre el canon, ¿por qué *deberíamos* leer solamente cierta clase de libros? Nadie sugiere que *no* deberíamos leer los textos canónicos, pero ¿por qué no leer otros textos también? Después de todo, nadie nos enviará a esa "isla desierta" tan querida por los que elaboran las listas de grandes libros. De hecho —y en mi opinión este es el remate del argumento— todos "leemos" muchas clases diferentes de textos en el transcurso de nuestras vidas, ya que, lo admitamos o no, pasamos gran parte de nuestra existencia dentro del campo de fuerza de una cultura de masas radicalmente diferente de nuestros "grandes libros" y vivimos al menos una doble vida en los diversos compartimientos de nuestra sociedad inevitablemente fragmentada. Necesitamos tomar conciencia de que, en esencia, estamos aún más fragmentados que eso; en lugar de aferrarnos a este espejismo particular del "sujeto centrado" y la identidad personal unificada, sería mejor que enfrentáramos con franqueza la fragmentación a escala mundial; si enfrentamos esto, al menos podremos hacer un avance cultural.

Una observación final sobre el uso que hago del término "tercer mundo". Entiendo las críticas que se le hacen a esta expresión, en particular las que enfatizan la manera en la que borra diferencias profundas entre una amplia gama de países y situaciones no occidentales (de hecho, una de esas oposiciones fundamentales —entre las tradiciones de los grandes imperios orientales y las de los Estados poscoloniales de África— es el elemento central de lo que sigue). Sin embargo, no veo ninguna otra expresión comparable que articule como esta las brechas fundamentales entre el primer mundo capitalista, el bloque socialista del segundo y una variedad de otros países que han sufrido la experiencia del colonialismo y del imperialismo. No puedo sino condenar las implicaciones ideológicas de oposiciones como las de países "desarrollados" y "subdesarrollados" o "en vías de desarrollo", mientras que el concepto más reciente de Norte y Sur, que tiene un contenido ideológico y un alcance muy diferentes del de la retórica del desarrollo y es usado por gente muy diversa, implica, sin embargo, una aceptación incondicional de la "teoría de la convergencia", es decir, la idea de que la Unión Soviética y Estados Unidos son casi lo mismo, según este punto de vista. Uso el término "tercer mundo" en un sentido esencialmente descriptivo, y las objeciones que se le hagan no me parecen muy relevantes para el argumento que estoy planteando.

EN ESTOS ÚLTIMOS AÑOS del siglo XX, se reitera la antigua pregunta sobre una literatura mundial propiamente dicha. Esto se debe en mayor o en menor grado a la desintegración de nuestras propias concepciones sobre el estudio cultural más que a una lúcida toma de conciencia del gran mundo exterior que nos rodea. Por lo tanto —como "humanistas"—, deberíamos reconocer la pertinencia de la crítica a las humanidades actuales que formuló nuestro líder nominal, William Bennett, aunque no nos causa gran satisfacción la solución vergonzosa que encontró: otra lista empobrecedora, etnocéntrica, grecojudía, una "lista de grandes libros de la civilización occidental", "grandes textos, grandes mentes, grandes ideas"[4]. Sentimos la tentación de devolver al propio Bennett la pregunta que él mismo toma de Maynard Mack y cita con aprobación: "¿Durante cuánto tiempo puede una nación democrática darse el lujo de apoyar a una minoría narcisista embelesada por su propia imagen?". Sin embargo, el presente ofrece una oportunidad extraordinaria para repensar de otra manera nuestros programas de humanidades, para reexaminar los escombros y las ruinas de nuestras tradiciones más antiguas sobre "grandes libros", "humanidades", "cursos introductorios" y "cursos básicos".

En la actualidad, la reinvención de los estudios culturales en Estados Unidos exige la reinvención, en un nuevo contexto, de lo que Goethe hace tiempo teorizó como la "literatura mundial". Entonces, en nuestro contexto más inmediato, cualquier concepción de literatura mundial exige necesariamente alguna interacción específica con la cuestión de la literatura del tercer mundo, y sobre este tema, no necesariamente más acotado, hoy tengo algo para decir.

Sería presuntuoso ofrecer alguna teoría general de lo que a menudo se denomina literatura del

4. William Bennett, "To Reclaim a Legacy", en *Text of a Report on the Humanities, Chronicle of Higher Education*, XXIX, n° 14, 28 de noviembre de 1984, págs. 16-21.

tercer mundo, dada la enorme variedad de culturas nacionales que conforman el tercer mundo y las trayectorias históricas específicas de cada uno de esos territorios. Entonces, todo esto es tentativo y tiene la intención de sugerir perspectivas específicas para la investigación y de transmitir una idea del interés y el valor de estas literaturas claramente despreciadas por personas formadas según los valores y estereotipos de una cultura del primer mundo. Desde el principio, parecería imponerse una distinción importante, y es que es imposible concebir a ninguna de estas culturas como antropológicamente independiente o autónoma, sino que todas ellas, de diferentes formas, están trabadas en una lucha de vida o muerte contra el imperialismo cultural del primer mundo, una lucha cultural que, en sí misma, es un reflejo de la situación económica de esas zonas en sus diversas fases de penetración del capitalismo o, como a veces se lo llama de manera eufemística, de la modernización. Entonces, este es un primer sentido en el que un estudio de la cultura del tercer mundo necesariamente implica una nueva mirada hacia nosotros mismos, desde afuera, en tanto que nosotros mismos somos (quizá sin saberlo del todo) fuerzas constitutivas que trabajan con intensidad sobre los restos de culturas más antiguas en el sistema capitalista mundial en general.

Pero, si esto es así, la distinción inicial que se impone tiene que ver con la naturaleza y el desarrollo de culturas más antiguas al momento de la penetración capitalista, algo que me parece sumamente esclarecedor examinar en términos del concepto marxiano de modo de producción[5]. Los

5. Los textos clásicos son Friedrich Engels, *El origen de la familia, la propiedad privada y el Estado* (1884), y la sección, a veces llamada "Formaciones económicas precapitalistas", de los *Grundrisse* de Marx, que son anteriores, pero fueron publicados recientemente en inglés, trad. de Martin Nicolaus, Londres, NLB/Penguin, 1973, págs. 471-514. Ver también Emmanuel Terray, *El marxismo ante las sociedades "primitivas"*, Buenos Aires, Losada, 1970; Barry Hindess y Paul Hirst, *Los modos de producción precapitalistas*, Barcelona, Península, 1979; y Gilles Deleuze y Felix Guattari, "Salvajes, bárbaros y civilizados", en *El Anti-Edipo*, Buenos Aires, Paidós, 1972. Además de la teoría del modo de producción, cuya validez, en todo caso, es ampliamente debatida, en años recientes aparecieron una cantidad de importantes obras de síntesis sobre la historia del tercer mundo como un campo unificado. Hay tres obras en particular que merecen mencionarse: *Global Rift*, de L. S. Stavrianos (Nueva York, Morrow, 1981); *Europa y la gente sin historia*, de Eric R. Wolf (México, Fondo de Cultura Económica, 2022) y *The Three Worlds*, de Peter Worsley (Chicago, The University of Chicago Press, 1984). Estas obras proponen una consecuencia metodológica más general implícita en el presente ensayo, pero que debería declarar explícitamente aquí: en primer lugar, que el tipo de trabajo comparativo que exige este concepto de literatura del tercer mundo implica una comparación, no de los textos individuales, que son muy diferentes entre sí en lo formal y cultural, sino de las situaciones concretas a partir de las que surgen esos textos y a las que responden de modos distintos. En segundo lugar, que ese abordaje sugiere la posibilidad de un comparatismo literario y cultural de un nuevo

historiadores contemporáneos parecen estar en proceso de llegar a un consenso sobre la especificidad del feudalismo como una forma que, surgida a partir de la caída del Imperio romano o del Shogunato japonés, es capaz de convertirse directamente en capitalismo[6]. Este no es el caso de los otros modos de producción, que en algún sentido deben ser divididos o destruidos por medio de la violencia, antes de que el capitalismo pueda implantar sus formas específicas y desplazar las antiguas. Entonces, en la expansión gradual del capitalismo por todo el mundo, nuestro sistema económico se enfrenta con dos modos de producción muy distintos que generan dos tipos muy diferentes de resistencia social y

tipo, inspirado ligeramente en la nueva historia comparativa de Barrington Moore y ejemplificado en libros como *Los Estados y las revoluciones sociales*, de Theda Skocpol (México, Fondo de Cultura Económica, 1979) o *Las luchas campesinas del siglo* XX, de Eric Wolf (México, Siglo XXI, 1972). Ese nuevo comparatismo cultural yuxtapondría el estudio de las similitudes y diferencias de textos literarios y culturales específicos con un análisis más tipológico de las diversas situaciones socioculturales de las que surgen, un análisis cuyas variables incluirían necesariamente elementos como la interrelación entre las clases sociales, el rol de los intelectuales, la dinámica del lenguaje y la escritura, la configuración de las formas tradicionales, la relación con las influencias occidentales, el desarrollo de la experiencia urbana y el dinero, entre otros. Sin embargo, no es necesario restringir ese comparatismo a la literatura del tercer mundo.

6. Ver, por ejemplo, Perry Anderson, *El Estado absolutista*, México, Siglo XXI, 1979.

cultural a su influencia. Estos son, por un lado, la sociedad presuntamente primitiva o tribal y, por el otro, el modo de producción asiático o los grandes sistemas burocráticos imperiales. Al haber sido objeto de una colonización sistemática en la década de 1880, las sociedades y las culturas africanas brindan los ejemplos más sorprendentes de la simbiosis entre el capitalismo y las sociedades tribales, mientras que China y la India ofrecen los ejemplos principales de un tipo muy diferente de encuentro entre el capitalismo y los grandes imperios del llamado modo asiático. Por lo tanto, los ejemplos que expondré a continuación serán principalmente africanos y chinos; sin embargo, el caso especial de América Latina debe mencionarse brevemente. América Latina incluso ofrece un tercer tipo de desarrollo, que implica una destrucción aún más temprana de sistemas imperiales que ahora la memoria colectiva devuelve proyectados en lo arcaico y lo tribal. De este modo, las conquistas de la independencia, tempranas y nominales, los exponen de inmediato a un tipo indirecto de penetración económica y control, algo que Asia y África experimentaron en tiempos más recientes con la descolonización en las décadas de 1950 y 1960.

Después de hacer estas distinciones iniciales, permítanme que ahora exponga, por medio de una hipótesis general, qué parecen tener en común todas las producciones culturales del tercer mundo y qué las distingue radicalmente de las formas culturales análogas del primer mundo. Quiero argumentar que todos los textos del tercer mundo son necesariamente alegóricos y de una manera muy específica: deben ser leídos como lo que llamaré *alegorías nacionales*, aun cuando, o quizá debería decir en particular cuando, sus formas derivan de mecanismos de representación predominantemente occidentales, como la novela. Permítanme establecer esta distinción de una manera muy simplificada: uno de los determinantes de la cultura capitalista, la cultura de la novela realista y modernista occidental, es la división radical entre lo privado y lo público, entre lo poético y lo político, entre lo que hemos llegado a considerar como perteneciente al dominio de la sexualidad y del inconsciente y lo perteneciente al mundo público de las clases, de lo económico y del poder político secular: en otras palabras, Freud contra Marx. Los innumerables intentos teóricos que hemos hecho para superar esta gran división solamente reconfirman su existencia y el poder que tiene para moldear nuestras vidas individuales y colectivas. Nos han inculcado una profunda convicción cultural que establece que no es posible comparar la experiencia de vida de nuestra existencia privada con las abstracciones de la ciencia económica y la dinámica política. Por lo tanto, en nuestras novelas, la política es, de acuerdo con el enunciado canónico de Stendhal, un "tiro de pistola en medio de un concierto".

A pesar de que conservemos, por conveniencia y para hacer un análisis, categorías tales como lo subjetivo y lo público o político, alegaré que las relaciones que hay entre ellas son completamente diferentes en la cultura del tercer mundo. Los textos del tercer mundo, incluso los que parecen pertenecer a lo privado y están adornados con una dinámica propiamente libidinal, proyectan necesariamente una dimensión política que toma la forma de una alegoría nacional: *la historia de un destino individual en el ámbito privado siempre es una alegoría de la situación de lucha de la cultura y la sociedad del tercer mundo en el ámbito público.* ¿Es necesario agregar que esta proporción tan diferente entre lo político y lo personal es precisamente lo que hace que estos textos nos resulten ajenos cuando los abordamos por primera vez y, por esa razón, los rechacen nuestros hábitos de lectura occidentales y convencionales?

A modo de ejemplo supremo de este proceso de alegorización, presentaré la primera obra maestra del escritor más importante de China, Lu Xun, cuya ausencia en los estudios culturales occidentales es un asunto lamentable que ninguna excusa basada en la ignorancia puede rectificar. En un principio, cualquier lector occidental debe leer *Diario de un loco* (1918) como el protocolo de lo que nuestro lenguaje esencialmente psicológico denomina "colapso nervioso". Presenta las notas y las percepciones de un sujeto acosado intensamente por un delirio psíquico aterrador, la convicción de que la gente que lo rodea oculta un secreto siniestro y de que ese secreto no puede ser sino el hecho, cada vez más evidente, de que son caníbales. En el punto culminante del desarrollo del delirio, en el que, como víctima potencial, peligran su seguridad física y su vida, el narrador se da cuenta de que su hermano es un caníbal y que la muerte de su hermana menor, varios años antes, lejos de haber sido el resultado de una enfermedad infantil, como creía, en realidad fue un asesinato. Tal como corresponde al protocolo de una psicosis, estas percepciones son objetivas, pueden interpretarse sin la ayuda de ningún mecanismo de introspección: el sujeto paranoico observa miradas siniestras a su alrededor en el mundo real, oye por casualidad conversaciones reveladoras entre su hermano y un supuesto médico (evidentemente, otro caníbal en realidad) que transmiten toda la convicción de lo real y pueden ser representadas objetivamente (o "de manera realista"). Este no es el lugar para demostrar en detalle la pertinencia absoluta que tiene, para la historia clínica del personaje de Lu Xun, la preeminente lectura occidental o del primer mundo de esos fenómenos, concretamente, la interpretación freudiana de los delirios paranoicos del *Senatspräsident* Schreber: el vaciamiento del mundo, el retiro drástico de la libido (lo que Schreber describe como una "catástrofe mundial"), seguidos por el intento de recatectizar por medio de los imperfectos mecanismos de la paranoia. Freud explica: "La formación delirante, que nosotros vemos como un producto patológico, es en realidad un intento de restablecimiento, un proceso de reconstrucción"[7].

Sin embargo, lo que se reconstruye es un mundo real objetivo, espeluznante y aterrador, que está bajo las apariencias de nuestro mundo: un descubrimiento o revelación de la pesadillesca realidad de las cosas, un desprendimiento de nuestras ilusiones o

7. Sigmund Freud, *Obras completas*, t. XII:. *"Sobre un caso de paranoia descrito autobiográficamente (caso Schreber)"*. *Trabajos sobre técnica psicoanalítica y otras obras (1911-1913)*, Buenos Aires, Amorrortu, 1980.

racionalizaciones convencionales sobre la vida cotidiana y la existencia. Como efecto literario, este proceso solamente es comparable con algunos de los procesos del modernismo occidental y, en particular, del existencialismo, en los cuales la narración se emplea como un instrumento poderoso para la exploración experimental de la realidad y la ilusión, una exploración que, sin embargo, a diferencia de los realismos más antiguos, presupone un cierto "conocimiento personal" previo. En otras palabras, el lector debe haber tenido alguna experiencia análoga, ya sea durante una enfermedad física o una crisis psíquica, de un mundo real vivido y transformado de manera siniestra del que no se puede escapar ni siquiera mentalmente, para apreciar el horror absoluto de la pesadilla de Lu Xun. Términos como "depresión" deforman esa experiencia al psicologizarla y devolverla proyectada en el Otro patológico, mientras que los abordajes literarios de Occidente que son análogos a esta misma experiencia —estoy pensando en el arquetípico suspiro de Kurtz en el lecho de muerte: "¡El horror! ¡El horror!", en *El corazón de las tinieblas,* de Conrad— recontienen precisamente ese horror transformándolo en un "estado de ánimo" rigurosamente privado y subjetivo, que solo puede ser nombrado recurriendo a una estética de la *expresión*, el inefable, innombrable sentimiento interior, cuya formulación exterior solamente puede nombrarlo desde afuera, como un síntoma.

Pero no es posible apreciar de manera adecuada el poder figurativo del texto de Lu Xun sin tener alguna idea sobre lo que yo llamo su resonancia alegórica. Debe quedar claro que el canibalismo que la víctima percibe literalmente a través de las actitudes y el comportamiento de su familia y sus vecinos es, al mismo tiempo, algo que el mismo Lu Xun atribuye a la sociedad china en conjunto: y aunque a esta atribución se la llame "figural", es verdaderamente una figura más poderosa y "literal" que el nivel "literal" del texto. Lu Xun propone que el pueblo de esta China mutilada, retrasada y desintegrada del período imperial tardío y el posimperial, sus conciudadanos, son "literalmente" caníbales: en su desesperación, enmascarada e intensificada por las formas y los procedimientos más tradicionales de la cultura china, deben devorarse unos a otros sin piedad para sobrevivir. Esto sucede en todos los niveles de esta sociedad sumamente jerárquica, desde los lúmpenes y los campesinos hasta los puestos más altos y privilegiados de la burocracia de los mandarines. Es una pesadilla social e histórica, quisiera enfatizar, una imagen del horror de la vida, específicamente vislumbrada a través de la historia, cuyas consecuencias exceden las representaciones occidentales más locales, realistas o naturalistas, del capitalista despiadado o la feroz competencia del mercado, y exhibe una resonancia política específica que está ausente en su equivalente natural o mitológico occidental, la pesadilla de la selección natural de Darwin.

Ahora, quiero presentar cuatro observaciones adicionales sobre este texto, que tratarán, respectivamente, sobre la dimensión libidinal de la historia, la estructura de su alegoría, el rol del productor cultural del tercer mundo y la perspectiva de futuro proyectada por la doble resolución del relato. Al tratar estos cuatro temas, me ocuparé de enfatizar la drástica diferencia estructural entre la dinámica de la cultura del tercer mundo y la de la tradición cultural del primer mundo en la que nos han formado.

He sugerido que, en textos del tercer mundo como este relato de Lu Xun, la relación entre los componentes libidinales y políticos de la experiencia individual y social es radicalmente distinta de la que prevalece en Occidente y que moldea nuestras formas culturales. Permítanme caracterizar esta diferencia o, si prefieren, esta inversión radical, haciendo la siguiente generalización: en Occidente, de manera convencional, la división entre lo público y lo privado que mencioné antes recontiene y psicologiza o subjetiviza el compromiso político. Por ejemplo, la interpretación de los movimientos políticos de los años sesenta en términos de rebeliones edípicas es conocida por todos, y no es necesario hacer más comentarios. Quizá no se comprenda del todo que esas interpretaciones son episodios de una tradición más larga, por medio de la cual el compromiso político está repsicologizado y explicado en términos de la dinámica subjetiva del *ressentiment* o la personalidad autoritaria, pero es posible demostrarlo por medio de una lectura atenta de algunos textos antipolíticos que van desde Nietzsche y Conrad hasta la más reciente propaganda de la Guerra Fría.

Sin embargo, lo relevante para el contexto presente no es demostrar esa proposición, sino probar su inversión en la cultura del tercer mundo, donde me gustaría proponer que la psicología o, más específicamente, la investidura libidinal deben leerse en términos fundamentalmente políticos y sociales. (Espero que no sea necesario agregar que lo que sigue es especulativo y está sujeto a la corrección que hagan los especialistas: lo propongo como un ejemplo metodológico más que como una "teoría" sobre la cultura china). Por un lado, nos dicen que las grandes y antiguas cosmologías imperiales identifican por analogía lo que en Occidente separamos analíticamente: de este modo, los manuales clásicos sobre el sexo están en armonía con los textos que revelan la dinámica de las fuerzas políticas, los mapas del firmamento están en consonancia con la lógica de la sabiduría médica tradicional, y así sucesivamente[8]. Aquí, incluso en ese entonces, en un pasado remoto, las antinomias occidentales —y más particularmente las que existen entre lo subjetivo y lo público o político— se rechazan de antemano. Sin embargo, el centro libidinal del texto de Lu Xun no es la sexualidad, sino la fase oral, toda la cuestión fisiológica de comer, ingerir, devorar, incorporar, de donde surgen categorías tan fundamentales como lo puro y lo impuro. Debemos recordar ahora no solo la extraordinaria complejidad simbólica de la cocina china, sino también el rol central que ocupan este arte y esta práctica en la cultura china en conjunto. Descubrimos que se confirma esta centralidad cuando observamos que el amplísimo vocabulario chino

8. Ver, por ejemplo, Wolfram Eberhard, *A History of China*, trad. de E. W. Dickes, Berkeley, University of California Press, 1977, pág. 105: "Cuando escuchamos hablar sobre la alquimia o cuando leemos algún libro sobre ella, siempre deberíamos recordar que muchos de esos textos pueden leerse también como si fueran libros sobre sexo; de la misma manera, los libros sobre el arte de la guerra pueden leerse también como si fueran libros sobre relaciones sexuales".

para los asuntos sexuales está entrecruzado de manera extraordinaria con el lenguaje relacionado con el acto de comer, y cuando vemos los múltiples usos que se le da al verbo "comer" en chino en el lenguaje corriente (por ejemplo, uno "se come" el miedo o un susto) podemos percibir mejor la enorme sensibilidad de esta región libidinal y cómo la moviliza Lu Xun para dramatizar una pesadilla esencialmente social, algo que un escritor occidental hubiera relegado al ámbito de una obsesión meramente privada, la dimensión vertical de un trauma personal.

Podemos observar una transgresión alimentaria diferente en toda la obra de Lu Xun, pero la más sorprendente es la que aparece en el terrible cuento llamado "Medicina". La historia presenta a un niño moribundo —la muerte de niños es una constante en estas obras— cuyos padres tienen la buena suerte de conseguir un remedio "infalible". A esta altura debemos recordar que los remedios tradicionales chinos no se "toman", como en Occidente, sino que se "comen" y que, para Lu Xun, la medicina tradicional china era el epicentro supremo de la charlatanería atroz y explotadora de la cultura tradicional china en general. En el importante y crucial "Prefacio" que escribió para la primera colección de sus cuentos[9], Lu Xun narra el sufrimiento y la muerte de su propio padre a causa de la tuberculosis, mientras los menguantes ahorros familiares iban desapareciendo con rapidez con la compra de medicamentos costosos y raros, exóticos y ridículos. No comprenderemos la importancia simbólica de esta indignación si no recordamos que, por todas estas razones, Lu Xun decidió estudiar medicina occidental en Japón —el paradigma de una nueva ciencia occidental que prometía la regeneración colectiva— aunque más tarde decidió que la producción cultural —estoy tentado a decir "la elaboración de una cultura política"— era una forma más eficaz de medicina política[10]. Por lo tanto, como escritor, Lu Xun sigue siendo un especialista en diagnóstico y un médico. De ahí proviene esta historia terrible, en donde la recuperación del hijo varón, la única esperanza que tiene el padre de perpetuarse en las generaciones futuras, depende de uno de esos grandes bollos chinos de masa blanca, cocido al vapor y empapado con la sangre de un criminal al que acaban de ejecutar. Por supuesto, el niño muere de todos modos, pero es importante

9. Lu Xun, *Selected Stories of Lu Hsun*, trad. de Gladys Yang y Yang Hsien-Yi, Pekín, Foreign Languages Press, 1972, págs. 1-6.

10. Ibíd., págs. 2-3.

observar que la víctima infortunada de una violencia propiamente estatal (el supuesto criminal) era un militante *político*, cuya tumba aparece cubierta de flores misteriosamente gracias a unos simpatizantes ausentes sobre los que no sabemos nada. En el análisis de un cuento como este, debemos repensar la concepción convencional que tenemos sobre los niveles simbólicos de una narración (en donde podría haber una homología entre sexualidad y política, por ejemplo) como un conjunto de círculos o circuitos que se cruzan y se sobredeterminan entre sí: la enormidad del canibalismo terapéutico finalmente se cruza en un cementerio de pobres con la violencia más manifiesta de la traición familiar y la represión política.

Este nuevo proceso de cartografiado me lleva a hacer una advertencia sobre la propia alegoría: una forma que hace tiempo perdió prestigio en Occidente y fue el blanco específico de la revolución romántica de Wordsworth y Coleridge, y, sin embargo, es una estructura lingüística que, según parece, está volviendo a despertar un notable interés en la teoría literaria contemporánea. Si la alegoría ha vuelto a resultarnos un tanto agradable, en contraste con las unificaciones enormes y monumentales de un simbolismo modernista más antiguo o incluso del propio realismo, se debe a que el espíritu alegórico es profundamente discontinuo, una cuestión de grietas y heterogeneidades, de la polisemia múltiple de los sueños más que de la representación homogénea del símbolo. Nuestra concepción tradicional de la alegoría —basada, por ejemplo, en los estereotipos de Bunyan— es la de un conjunto elaborado de figuras y personificaciones que deben leerse con el apoyo de alguna tabla de equivalencias uno a uno: es, por decirlo así, una visión unidimensional de este proceso de significación, que solo podría ponerse en movimiento y complejizarse si estuviéramos dispuestos a considerar la idea alarmante de que tales equivalencias en sí mismas están en constante cambio y transformación en cada presente perpetuo del texto.

Aquí también Lu Xun tiene algo para enseñarnos. Este escritor de cuentos y textos breves, que nunca evolucionó hacia la forma novelística propiamente dicha, produjo al menos una aproximación a ella con una serie más extensa de anécdotas sobre un desventurado *coolie* llamado Ah Q, que sirve, tal como podríamos sospechar, como alegoría de un determinado conjunto de actitudes y modos de comportamiento chinos. Es interesante observar que la ampliación de la forma determina un cambio en el tono o en el discurso del género: todo lo que estaba sumido en la quietud y el vacío de la muerte y del sufrimiento sin esperanza —"la habitación no solo estaba demasiado silenciosa, también era demasiado grande y todas las cosas que había allí estaban demasiado vacías"[11]— ahora se convierte en un material más apropiado para una comedia chaplinesca. La resiliencia de Ah Q surge de una técnica inusual —aunque se nos da a entender que es muy normal y conocida en esa cultura— para superar la humillación. Cuando sus perseguidores lo atacan, Ah Q, cuyo sentido de la superioridad lo mantiene sereno, reflexiona: "'Parece como si me estuviera golpeando mi propio hijo. ¿Adónde iremos a parar si el mundo sigue así?'. Acto seguido, él también se marcharía, satisfecho por haber ganado"[12]. Ellos insisten: "¡Admite que ni siquiera eres un ser humano, que no eres más que un animal!". Les contesta: "Por el contrario, soy peor que un animal. ¡Soy un insecto! ¿Qué les parece? ¿Están satisfechos?". "Sin embargo, en menos de diez segundos, Ah Q también se marcharía satisfecho por haber ganado, pensando que, después de todo, era 'el número uno de la autohumillación' y

11. Ibíd., pág. 40.
12. Ibíd., pág. 72.

que después de quitar la palabra 'autohumillación' lo que aún quedaba era la gloria de seguir siendo 'el número uno'"[13]. Cuando recordamos la notable autoestima de la dinastía manchú en su agonía final y el sereno desprecio por los demonios extranjeros que lo único que tenían a su favor era la ciencia moderna, las cañoneras, los ejércitos, la tecnología y el poder, podemos entender con mayor precisión la actualidad histórica y social de la sátira de Lu Xun.

En este sentido, Ah Q es, alegóricamente, la propia China. Sin embargo, quisiera hacer una observación: lo que complica todo el asunto es que los perseguidores —los ociosos y los matones cuyos placeres cotidianos consisten en provocar a pobres víctimas como Ah Q— también son China, en un sentido alegórico. Por lo tanto, este ejemplo tan simple muestra la capacidad que tiene la alegoría para generar una variedad de significados o mensajes distintos, de manera simultánea, cuando el tenor y el vehículo alegóricos cambian de lugar: Ah Q es China humillada por los extranjeros, una China tan versada en las técnicas espirituales de la autojustificación que ni siquiera registra ni tampoco recuerda esas humillaciones. Pero los perseguidores

13. Ibíd. Estoy en deuda con Peter Rushton por algunas de estas observaciones.

también son China, en un sentido diferente, la terrible China que se autocanibaliza en el *Diario de un loco*, cuya reacción a la impotencia es la persecución sin sentido de los miembros más débiles e inferiores de la jerarquía.

Todo esto nos lleva poco a poco al tema del propio escritor del tercer mundo y a la función del intelectual, entendiendo que en la situación del tercer mundo el intelectual es siempre, de una forma u otra, un intelectual político. Ninguna lección del tercer mundo es más oportuna o urgente para nosotros hoy, entre quienes el mismísimo término "intelectual" se ha marchitado, como si fuera el nombre de una especie extinta. En ningún otro lado me di cuenta con tanta intensidad de la extrañeza de este lugar vacío como en un viaje reciente a Cuba, donde tuve la oportunidad de visitar una extraordinaria escuela preparatoria para la universidad en las afueras de La Habana. A un estadounidense le causa un poco de vergüenza ver el currículo cultural en un ambiente socialista que también se identifica mucho con el tercer mundo. En el trascurso de tres o cuatro años, los adolescentes cubanos estudian poemas de Homero, el "Infierno" de Dante, los clásicos teatrales españoles, las grandes novelas realistas de la tradición europea del siglo XIX y, por fin, las novelas revolucionarias cubanas contemporáneas, de las cuales, dicho sea de paso, necesitamos con desesperación traducciones al inglés. Pero el trabajo del semestre que me pareció más exigente fue uno explícitamente dedicado al estudio del rol del intelectual como tal: el intelectual cultural que además es un militante político, el intelectual que produce tanto poesía como praxis. Los ejemplos cubanos de este proceso —Ho Chi Minh y Agostinho Nieto— están determinados culturalmente de manera bastante obvia: nuestros equivalentes quizá serían figuras más conocidas para nosotros, como Du Bois y C. L. R. James, Sartre y Neruda o Brecht, Kollontai o Louise Michel. Pero como este ensayo apunta implícitamente a proponer una nueva concepción de las humanidades en la educación estadounidense actual, sería apropiado agregar que el estudio del rol del intelectual como tal debería ser un componente clave en cualquier propuesta de este tipo.

Ya mencioné algo sobre la concepción que Lu Xun tenía sobre su vocación y la extrapolación que hizo a partir de la práctica de la medicina. Pero hay mucho más para decir específicamente sobre el "Prefacio". No solo es uno de los documentos fundamentales para entender la situación del artista del tercer mundo, sino que además es un texto complejo en sí mismo, una obra de arte tan plena como cualquiera de los grandes relatos. Y en la propia obra de Lu Xun es el ejemplo supremo de la proporción inusual entre la investidura subjetiva y una narración deliberadamente despersonalizada y objetiva. No hay tiempo para hacerles justicia a estas relaciones, ya que exigiría un comentario renglón por renglón. Sin embargo, citaré la breve fábula por medio de la cual Lu Xun dramatiza su dilema, cuando responde a los pedidos que le hacen sus amigos y futuros colaboradores para que publique:

> Imagínense una casa de hierro sin ventanas, absolutamente indestructible, con un montón de gente profundamente dormida en su interior, que pronto morirá asfixiada. Ustedes saben que morirán mientras duermen y, por lo tanto, no sentirán el dolor de la muerte. Pero si gritan con todas sus fuerzas para despertar a algunos de los que tienen un sueño más ligero y obligan a ese puñado de desafortunados a sufrir la agonía de una muerte irrevocable, ¿creen que les están haciendo un favor?[14].

La situación aparentemente desesperada del intelectual del tercer mundo en ese período

---

14. Ibíd., pág. 5.

histórico (poco después de la fundación del Partido Comunista chino, pero también después de que se hiciera evidente la insolvencia de la revolución de la clase media), un momento en el que no parecía concebible ninguna solución, ninguna forma de praxis o cambio, encontrará un paralelismo, como pronto lo veremos, en la situación de los intelectuales africanos después de haber logrado la independencia, cuando una vez más parecía no haber ninguna solución política a mano o a la vista en el horizonte histórico. La manifestación formal o literaria de este problema político es la posibilidad del cierre narrativo, algo que volveremos a tratar más específicamente.

En un contexto teórico más general —y esta forma teórica del problema es la que ahora quisiera tematizar y establecer en la lista de asuntos a tratar—, debemos recuperar el sentido de lo que significa "revolución cultural", en su acepción más potente, en la tradición marxista. No hago referencia a los sucesos inmediatos de esa interrupción violenta y tumultuosa de los "once años" en la historia reciente de China, aunque inevitablemente hay implícita alguna referencia al maoísmo como doctrina. Sabemos que el término fue acuñado por el mismo Lenin y en esa acepción designaba de un modo explícito la campaña de alfabetización y los nuevos problemas de la escolaridad y la educación universal: algo en lo que Cuba, de nuevo, es el ejemplo más deslumbrante y exitoso de la historia reciente. Sin embargo, debemos ampliar el concepto un poco más para incluir una gama de inquietudes que parecen muy distintas, entre las cuales los nombres de Gramsci y Wilhelm Reich, Frantz Fanon, Herbert Marcuse, Rudolph Bahro y Paulo Freire podrían dar un indicio de su alcance y enfoque. De manera un poco apresurada, sugeriré que la "revolución cultural", tal y como se proyecta en esas obras, se vuelve en contra del fenómeno de lo que Gramsci llamaba la "subalternidad", concretamente los sentimientos de inferioridad mental y los hábitos de sumisión y obediencia que se desarrollan necesaria y estructuralmente en situaciones de dominación, de manera más dramática en la experiencia de los pueblos colonizados. Pero aquí, como tantas veces sucede, los hábitos subjetivizantes y psicologizantes de pueblos del primer mundo como el nuestro pueden engañarnos y llevarnos a malentendidos. En ese sentido, la subalternidad no es un asunto psicológico, a pesar de que rija psicologías, y supongo que la elección estratégica del término "cultural" apunta precisamente a reestructurar ese punto de vista del problema y a proyectarlo hacia afuera, al terreno del espíritu objetivo o colectivo de una manera materialista que no es psicológica, pero tampoco es reduccionista ni economicista. Cuando una estructura psíquica está condicionada objetivamente por relaciones económicas y políticas, no se la puede tratar con terapias puramente psicológicas, pero tampoco se la puede tratar con transformaciones puramente objetivas de la situación económica y política, ya que los hábitos permanecen y ejercen un efecto residual funesto y debilitante[15]. Es una forma más dramática de ese antiguo misterio, la unidad entre la teoría y la práctica, y es específicamente en el contexto del problema de la revolución cultural (que ahora nos resulta tan extraña y ajena) que hay que volver a poner en su lugar los logros y los fracasos de los intelectuales del tercer mundo, escritores y artistas, para poder captar su significado histórico concreto. Nos hemos permitido, como intelectuales culturales del primer mundo, restringir la percepción de toda nuestra obra a términos profesionales o burocráticos muy estrechos, y así hemos alentado en nosotros mismos un sentimiento especial de subalternidad y culpa, que solo refuerza el círculo

---

15. Lenin observa que el socialismo se hará realidad "cuando la necesidad de cumplir las reglas simples y fundamentales de las relaciones humanas se transforme en un hábito". *El Estado y la revolución*, Pekín, Foreign Languages Press, 1973.

vicioso. Que un artículo literario pueda ser un acto político con consecuencias reales es, para la mayoría de nosotros, poco más que una curiosidad de la historia literaria de la Rusia zarista o de la propia China moderna. Pero quizá también debamos considerar la posibilidad de que, como intelectuales, nosotros mismos estamos, en este momento, profundamente dormidos y a punto de asfixiarnos en ese indestructible recinto de hierro sobre el que hablaba Lu Xun.

Entonces, el tema del cierre narrativo y de la relación de un texto narrativo con el futuro y con algunos proyectos colectivos que están por venir no es meramente un problema formal o perteneciente a la crítica literaria. De hecho, *Diario de un loco* tiene dos finales distintos e incompatibles, que resultaría instructivo examinarlos a la luz de las dudas y las ansiedades del propio autor sobre su rol social. Un final, el del propio sujeto delirante, es casi una exhortación al futuro en la situación imposible de un canibalismo casi universal; las últimas palabras desesperadas que lanza al vacío son: "Salven a los niños...". Pero el relato también tiene un segundo final, que se revela en la primera página, cuando el hermano mayor (que supuestamente es un caníbal) saluda al narrador con este alegre comentario: "Agradezco que haya venido desde tan lejos a visitarnos, pero mi hermano se recuperó hace un tiempo y se fue a otro lado a asumir un cargo público". De antemano, se anula la pesadilla: el paranoico visionario, después de haber experimentado esa breve y terrible visión de la realidad espeluznante que existe bajo las apariencias, regresa agradecido al terreno de la ilusión y del olvido que reinan allí, para ocupar su lugar en el espacio del poder y privilegio burocráticos. Quisiera sugerir que solo a este precio, por medio de un juego complejo de mensajes simultáneos y antitéticos, el texto narrativo es capaz de abrir una perspectiva concreta sobre el futuro real.

EBO HACER UNA PAUSA aquí para interpolar varias observaciones antes de continuar. Por un lado, para mí es evidente que *cualquier* articulación de una diferencia radical —la de género casi tanto como la de cultura— es susceptible de ser apropiada por esa estrategia de la otredad que Edward Said llamó "orientalismo" en el contexto del Medio Oriente. No importa demasiado que la otredad radical de la cultura en cuestión sea alabada o valorizada de manera positiva, como en las páginas anteriores: la operación esencial es la de diferenciación y, una vez que se ha alcanzado, se pone en marcha el mecanismo que denuncia Said. Por otro lado, no veo cómo el intelectual del primer mundo puede evitar esta operación sin recaer en algún universalismo general, liberal y humanístico: me parece que uno de nuestros deberes políticos básicos consiste, precisamente, en hacer un esfuerzo constante por recordar al público estadounidense la diferencia radical de otras situaciones nacionales.

Pero a esta altura debería introducir una advertencia sobre los peligros del concepto de "cultura" en sí mismo: las observaciones especulativas que me he permitido hacer sobre la "cultura" china no estarían completas si no agregara que "cultura" en este sentido no es de ninguna manera el término final en el que nos detendremos. Debemos imaginar que esas estructuras y actitudes culturales, en un comienzo, fueron respuestas vitales a realidades infraestructurales (por ejemplo, económicas y geográficas), como intentos por resolver contradicciones más fundamentales, intentos que sobreviven a las situaciones para las que fueron concebidos y perduran, bajo formas reificadas, como "patrones culturales". Estos patrones, entonces, entran a formar parte de la situación objetiva que enfrentan las generaciones posteriores y, como en el caso del confucionismo, a pesar de que alguna vez fueron parte de la solución a un dilema, se convierten en parte del nuevo problema.

Tampoco me parece adecuado el concepto de "identidad" cultural o incluso el de "identidad" nacional. Es imposible reconocer la justicia del ataque general del posestructuralismo al presunto "sujeto centrado", el antiguo ego unificado del individualismo burgués, y después resucitar este mismo espejismo ideológico de unificación psíquica en el ámbito de lo colectivo bajo la forma de una doctrina de la identidad colectiva. Las apelaciones a la identidad colectiva necesitan ser evaluadas desde una perspectiva histórica más que desde el punto de vista de un "análisis ideológico" dogmático y deslocalizado. Cuando un escritor del tercer mundo invoca este valor (para nosotros) ideológico, debemos examinar detenidamente la situación histórica para determinar las consecuencias políticas del uso estratégico de este concepto. Por ejemplo, el tiempo en el que vivió Lu Xun es, con toda claridad, un momento en el que una crítica de la "cultura" y la "identidad cultural" de China tenía consecuencias poderosas y revolucionarias, consecuencias que no prevalecerían en una configuración social posterior. Quizá sea otra forma, más complicada, de plantear el problema del "nacionalismo" al que me referí antes.

Con respecto a la alegoría nacional, creo que sería apropiado enfatizar su presencia en lo que generalmente se considera la literatura occidental para subrayar ciertas diferencias estructurales. El ejemplo que tengo en mente es la obra de Benito Pérez Galdós, el último de los logros del realismo del siglo xix y uno de los más exquisitos. Las novelas de Galdós son más visiblemente alegóricas (en el sentido nacional) que las de la mayoría de sus predecesores europeos más conocidos[16]: algo que bien podría explicarse desde el punto de vista de la terminología del sistema-mundo de Immanuel Wallerstein[17]. A pesar de que la España del siglo xix no era estrictamente *periférica* a la manera de los países que aquí englobamos bajo el término de tercer mundo, era *semiperiférica* según esta teoría, si la comparamos con Inglaterra o Francia. Por lo tanto, no nos sorprende demasiado que la situación del protagonista masculino de *Fortunata y Jacinta* (1887) —que alterna entre las dos mujeres del título, entre la esposa y la amante, entre la mujer de clase media alta y la mujer del "pueblo"— sea descripta en términos del propio Estado, que duda entre la revolución republicana de 1868 y la restauración borbónica de 1873[18]. Aquí

16. Ver las interesantes discusiones en el libro de Stephen Gilman, *Galdós y el arte de la novela europea*, Madrid, Taurus, 1981.

17. Immanuel Wallerstein, *El moderno sistema mundial*, México, Siglo xxi, 1974.

18. Por ejemplo: "El Delfín había entrado, desde los últimos días del 74, en aquel período sedante que seguía infaliblemente a sus desvaríos. En realidad, no era aquello virtud, sino cansancio del pecado; no era el sentimiento puro y regular del orden, sino el hastío de la revolución. Verificábase en él lo que don Baldomero había dicho del país: que padecía fiebres alternativas de libertad y

también entra en juego la misma estructura "flotante" o transferible de la referencia alegórica detectada en Ah Q: porque Fortunata también está casada y la alternancia entre "revolución" y "restauración" también se adapta a su situación, cuando se va a buscar al amante y deja el hogar legítimo, al que regresa después, cuando es abandonada.

Es importante recalcar no solamente el ingenio con el que Galdós usa la analogía, sino también la naturaleza opcional que tiene: podemos usarla para convertir toda la situación de la novela en un comentario alegórico sobre el destino de España, pero también tenemos la libertad de invertir sus prioridades y leer la analogía política como un decorado metafórico en el que se desarrolla el drama individual y como una simple intensificación figural de este último. Aquí, lejos de dramatizar la identidad de lo político y de lo individual o psíquico, la estructura alegórica tiende a separar esencialmente estos niveles de una manera casi absoluta. A menos que estemos convencidos de la diferencia radical que existe entre lo político y lo libidinal, no podremos sentir su fuerza: de este modo, su operación reconfirma (más que anula) la división entre

de paz". *Fortunata y Jacinta*, Madrid, Editorial Hernando, 1968, pág. 585 (parte III, capítulo 2, sección 2).

lo público y lo privado atribuida anteriormente en esta discusión a la civilización occidental. En una de las denuncias contemporáneas más intensas de esa división y de ese hábito, Deleuze y Guattari argumentan sobre una concepción del deseo que es a la vez social e individual.

¿Cómo empieza un delirio? Quizá el cine sea capaz de capturar el movimiento de la locura, precisamente porque no es analítico ni regresivo, sino que explora un campo mundial de coexistencia. Vemos una película de Nicholas Ray, que supuestamente representa la formación de un delirio provocado por la cortisona: un padre sobrecargado de trabajo, profesor de secundaria que trabaja horas extra para un servicio de radiotaxis, que está bajo tratamiento por problemas cardíacos. Empieza a delirar sobre el sistema educativo en general, la necesidad de restaurar una raza superior, la salvación del orden moral y social, después continúa con la religión, lo oportuno de volver a la Biblia, Abraham. Pero ¿qué hizo Abraham en realidad? Bueno, mató o quiso matar a su hijo y quizá el único error de Dios fue el de haberle sujetado la mano. Pero este hombre, el protagonista de la película, ¿no tiene también un hijo? Vaya... Lo que la película muestra tan bien, para vergüenza de los psiquiatras, es que todo delirio es, en primer lugar, la investidura de un campo que es social, económico, político-cultural, racial y racista, pedagógico, y religioso: la persona delirante aplica a su familia y a su hijo un delirio que los desborda por todos lados[19].

No estoy seguro de que las consecuencias objetivas de esta brecha concreta y esencialmente social entre lo público y lo privado, en la experiencia del primer mundo, puedan suprimirse mediante un diagnóstico intelectual o alguna otra teoría adecuada sobre su interrelación más profunda. Más bien, me parece que Deleuze y Guattari proponen aquí una lectura *alegórica* nueva y más adecuada de esta película. Entonces, no significa que estas estructuras alegóricas estén ausentes de los textos culturales del primer mundo, sino que son *inconscientes* y, por lo tanto, deben descifrarse por medio de mecanismos interpretativos que implican necesariamente una crítica social e histórica completa de la situación actual del primer mundo. El tema aquí es que, a diferencia de las alegorías inconscientes de nuestros propios textos culturales, las alegorías nacionales del tercer

19. Deleuze y Guattari, ob. cit., pág. 274.

mundo son conscientes y manifiestas: implican una relación radicalmente diferente y objetiva entre la política y la dinámica libidinal.

AHORA, ANTES DE ENFOCARNOS en los textos africanos, quisiera recordarles la ocasión especial que motiva esta conferencia: honrar la memoria de Robert C. Elliott y conmemorar su obra. Creo que el corazón de sus dos libros más importantes, *The Power of Satire* y *The Shape of Utopia*[20], es la vinculación innovadora que estableció entre la sátira y el impulso utópico como dos fuerzas (y discursos literarios) antitéticas en apariencia, que en realidad se replican mutuamente de manera tal que cada una está activa en secreto dentro de la esfera de influencia de la otra. Nos enseñó que toda sátira necesariamente lleva dentro un marco de referencia utópico; toda utopía, por muy serena o incorpórea que sea, está impulsada secretamente por

20. Princeton, Princeton University Press, 1960, y Chicago, University of Chicago Press, 1970, respectivamente.

la furia del escritor satírico ante una realidad decepcionante. Cuando hablé hace un momento sobre el futuro, me esforcé mucho para no usar la palabra "utopía", que en mi lenguaje es otra palabra para el proyecto socialista.

Pero ahora seré más explícito y tomaré como consigna un fragmento extraordinario de la novela *Xala*, escrita por el gran novelista y cineasta contemporáneo Ousmane Sembène, oriundo de Senegal. El título designa un tipo muy especial de maldición o dolencia ritual que aflige a un hombre de negocios senegalés, próspero y corrupto, en el momento en el que, en la cima de su fortuna, toma por esposa (la tercera) a una hermosa joven. A propósito de *The Power of Satire*, la maldición es, por supuesto, como habrán adivinado, la impotencia sexual. El Hadj, el infortunado protagonista de esta novela, explora con desesperación una gran cantidad de remedios occidentales y tribales, sin resultado, hasta que, finalmente, lo persuaden para que emprenda un viaje difícil por el interior de Dakar en busca de un chamán que presuntamente tiene poderes extraordinarios. Esta es la conclusión de esa travesía calurosa y polvorienta en una carreta tirada por caballos:

Cuando emergieron del desfiladero, vieron unos techos cónicos de paja, oscurecidos por los elementos, que se recortaban contra el horizonte en medio de la llanura vacía. Reses flacas andaban sueltas y esgrimían unas contra otras sus cuernos de apariencia peligrosa para adueñarse de las escasas matas de pasto. En la distancia se divisaban las siluetas de algunas personas que estaban ocupadas alrededor del único pozo. El conductor de la carreta se hallaba en territorio conocido y saludaba a la gente al pasar. La casa de Sereen Mada, aparte de su tamaño imponente, era idéntica a todas las demás en cuanto a la construcción. Se situaba en el centro de la aldea, cuyas chozas estaban dispuestas en un semicírculo al que se accedía por una sola entrada principal. En la aldea no había ninguna tienda, ni escuela ni dispensario. De hecho, no había absolutamente nada atractivo allí. [Ousmane concluye y, entonces, agrega esta frase mordaz, como si fuera una acotación:] De hecho, no había absolutamente nada atractivo allí. Su vida estaba basada en los principios de la interdependencia comunitaria[21].

Aquí, entonces, de una manera más emblemática que casi en cualquier otro texto que conozca,

21. Sembène Ousmane, *Xala*, trad. de Clive Wake, Westport, Conn., Lawrence Hill, 1976, pág. 69.

se inserta dramáticamente el espacio de una utopía pasada y futura —un mundo social de cooperación colectiva— en la economía monetaria, corrupta y occidentalizada, de las nuevas burguesías, la nacional o la compradora, surgidas después de la independencia. De hecho, Ousmane se esfuerza por mostrarnos que el Hadj no es un industrial, su empresa no es productiva en ningún sentido: es un intermediario entre las multinacionales europeas y las industrias locales de extracción. A este resumen biográfico, debemos agregar un hecho muy importante: en su juventud, el Hadj era político y pasó algún tiempo en prisión por sus actividades nacionalistas y a favor de la independencia. La sátira extraordinaria de estas clases corruptas (que Ousmane extenderá a la persona del propio Senghor[22] en *The Last of the Empire*) está marcada de manera explícita como la incapacidad del movimiento independentista para convertirse en una revolución social general.

La independencia nacional nominal, en América Latina en el siglo XIX, en África a mediados del siglo XX, pone fin a un movimiento cuyo único objetivo concebible era la autonomía nacional

22. Léopold Sédar Senghor (Senegal, 9 de octubre de 1906-Verson, 20 de diciembre de 2001). Poeta senegalés que llegó a la Jefatura del Estado de Senegal, catedrático de gramática, fue ensayista, político y miembro de la Academia Francesa. [N. de la T.]

genuina. Esta miopía simbólica tampoco es el único problema: los Estados africanos también tuvieron que enfrentar los efectos incapacitantes de algo que Fanon les advirtió de manera profética: recibir la independencia no es lo mismo que conquistarla, ya que durante la lucha revolucionaria se van desarrollando nuevas relaciones sociales y una nueva conciencia. Aquí también es instructiva la historia de Cuba: Cuba fue la última nación latinoamericana en conquistar la independencia en el siglo XIX, una libertad de la que inmediatamente se haría cargo otro gran poder colonial. Ahora conocemos el papel invaluable que desempeñaron en la Revolución cubana de 1959 las prolongadas guerras de guerrillas de fines del siglo XIX (cuya figura emblemática es José Martí); la Cuba contemporánea no sería la misma sin la experiencia laboriosa y subterránea, quisiera decir thompsoniana, del topo de la historia que va excavando a través de un largo pasado y creando sus tradiciones específicas en el proceso.

De esta manera, después de recibir el regalo envenenado de la independencia, escritores africanos radicales como Ousmane o como Ngugi, en Kenia, se encuentran de nuevo ante el dilema de Lu Xun, ya que llevan en su interior una pasión por el cambio y la regeneración social que todavía no ha encontrado a sus agentes. Espero que quede claro que también es un dilema estético, una crisis de representación: no era difícil identificar un adversario que hablara en otro idioma y usara los símbolos visibles de la ocupación colonial. Cuando estos adversarios son reemplazados por tu propia gente, las conexiones con fuerzas externas de control son mucho más difíciles de representar. Los líderes más nuevos pueden, claro está, quitarse las máscaras y revelar el personaje del Dictador, que puede adoptar la forma individual, más antigua, o la militar, más reciente: pero este momento también establece problemas de representación. La novela del dictador se ha convertido en casi un género de la literatura latinoamericana y este tipo de obras están marcadas sobre todo por una ambivalencia profunda e incómoda, una simpatía más profunda y final por el Dictador, que quizá solo pueda explicarse a través de alguna variante social extendida del mecanismo freudiano de transferencia[23].

Sin embargo, el diagnóstico radical de los fracasos de las sociedades contemporáneas del tercer mundo por lo general toma la forma de lo que

---

23. Estoy en deuda con Carlos Blanco Aguinaga por sugerirme que esta ambivalencia en la novela latinoamericana podría explicarse por el hecho de que el Dictador arquetípico, a pesar de que oprime a su propio pueblo, también es percibido como una figura que resiste la influencia de Estados Unidos.

convencionalmente se denomina "imperialismo cultural", una influencia sin rostro ni agentes representables, cuya expresión literaria parece exigir la invención de nuevas formas: *La traición de Rita Hayworth*, de Manuel Puig, es un ejemplo de una de esas formas sorprendentes e innovadoras. Esto nos lleva a sacar la conclusión de que en estas circunstancias el realismo tradicional es menos eficaz que la fábula satírica: por eso, en mi opinión, ciertas narraciones de Ousmane (además de *Xala*, deberíamos mencionar *The Money-Order*) tienen más fuerza que la impactante pero problemática *Petals of Blood*, de Ngugi.

Sin embargo, con la fábula, volvemos a enfrentarnos claramente con todo el asunto de la alegoría. *The Money-Order* moviliza el dilema tradicional del círculo vicioso: su desafortunado protagonista no puede cobrar un cheque parisino sin documentos de identidad, pero como nació mucho tiempo antes de la independencia no tiene documentos y, mientras tanto, el giro postal, sin cobrar, empieza a diluirse ante una acumulación de nuevos créditos y nuevas deudas. Siento la tentación de sugerir, de manera anacrónica, que esta obra, publicada en 1965, dramatiza de modo profético la mayor desgracia que le puede suceder a un país del tercer mundo en nuestros tiempos, es decir, el descubrimiento de enormes reservas de petróleo: algo que, como los economistas nos han mostrado, lejos de representar la salvación, los hunde de inmediato en deudas externas incalculables que jamás podrán aspirar a liquidar.

Sin embargo, en otro nivel, esta historia plantea uno de los problemas principales en cualquier análisis de la obra de Ousmane: el papel ambiguo que juegan en ella los elementos arcaicos o tribales. Quizá los espectadores recuerden el curioso final de su primera película, *The Black Girl*, en el que el empleador europeo es perseguido por el niñito que lleva una máscara arcaica; por otro lado, películas históricas como *Ceddo* o *Emitai* parecen decididas a evocar momentos más antiguos de la resistencia tribal, tanto al islam como a Occidente, aunque desde una perspectiva histórica que, con pocas excepciones, es la del fracaso y la derrota final. Sin embargo, no es posible sospechar que Ousmane apoye algún nacionalismo cultural arcaizante o nostálgico. Por eso, es importante determinar el significado de esta apelación a valores tribales más antiguos, en particular cuando están activos de manera más sutil en obras modernas como *Xala* o *The Money-Order*.

Sospecho que el tema más profundo de esta segunda novela no es el evidente: la denuncia de la burocracia nacional moderna, sino la transformación

histórica del valor islámico tradicional de dar limosna en una economía monetaria contemporánea.
Los musulmanes tienen el deber de dar limosna: de
hecho, la obra concluye con otra de esas peticiones
no atendidas. Pero en una economía moderna, este
deber sagrado para con los pobres se transforma en
el ataque frenético de aprovechadores de todos los
niveles de la sociedad (al final, un primo influyen-
te, occidentalizado y acaudalado, se apropia del dinero). El protagonista es literalmente despellejado
por los buitres; mejor aún, el tesoro no solicitado e
inesperado, caído del cielo, transforma de inmediato
a toda la sociedad que lo rodea en suplicantes feroces
e insaciables, en algo parecido a una versión monetaria del canibalismo de Lu Xun.

La misma perspectiva histórica doble —las
costumbres arcaicas transformadas y desnaturali-
zadas de manera radical por la superposición de las
relaciones capitalistas— también me parece demos-
trable en *Xala*, en los resultados, a menudo deso-
pilantes, de la poligamia, una institución islámica y
tribal más antigua. Eso es lo que Ousmane tiene para
decir sobre esa institución (entendiéndose que la in-
tervención autoral, que ya no se sigue tolerando en
la narrativa realista, todavía es perfectamente apropiada para la fábula alegórica como forma):

Vale la pena conocer un poco sobre la vida que llevan los polígamos urbanos. Podría llamarse poligamia geográfica, en contraste con la poligamia rural, en la que todas las esposas e hijos viven juntos en el mismo recinto. En la ciudad, como las familias están desperdigadas, los hijos tienen poco contacto con el padre. A raíz de este estilo de vida, el padre debe ir de casa en casa, de residencia en residencia, y solo está allí durante la noche, a la hora de ir a dormir. Por lo tanto, él es, ante todo, una fuente de ingresos, cuando tiene trabajo[24].

De hecho, el autor nos invita a presenciar el vívido espectáculo de la desgracia del Hadj cuando, en el momento de su tercer matrimonio, que debería asegurar su estatus social, se da cuenta de que, en realidad, no tiene casa propia y que está condenado a viajar desde la residencia de una esposa a la otra, una situación que lo lleva a sospechar, a su vez, que cada una de ellas es responsable de su dolencia ritual. Pero el fragmento que acabo de leer muestra que la poligamia —sea lo que sea lo que pensemos sobre la poligamia en sí y como institución— funciona aquí como un elemento bivalente diseñado para abrir la perspectiva histórica. Los viajes cada

24. *Ousmane*, ob. cit., pág. 66.

vez más frenéticos del Hadj a través de la gran ciudad aseguran una yuxtaposición entre el capitalismo y la forma tribal colectiva más antigua de vida social.

Sin embargo, ninguna de estas es siquiera la característica más notable de *Xala*, que puede describirse casi como un asombroso y controlado ejercicio de manual sobre lo que en otros textos he denominado "discontinuidades genéricas"[25]. De hecho, la novela empieza con una convención del género, en términos de la cual se lee al Hadj como una víctima cómica. Todo sale mal al mismo tiempo y la noticia de su incapacidad desencadena, de pronto, una desgracia mayor: sus numerosos deudores empiezan a acosar a alguien cuya mala suerte lo señala claramente como un perdedor. Este proceso está acompañado por una compasión y un miedo cómicos, aunque eso no implica una gran simpatía por el personaje. En realidad, transmite una gran repugnancia por la nueva sociedad occidentalizada y privilegiada que sufre este rápido vuelco de la rueda de la fortuna. Y, sin embargo, resulta que todos estábamos equivocados: las esposas no eran la causa de la dolencia ritual. Mediante una abrupta inversión y ampliación del género (comparables con algunos de los

25. "Discontinuidades genéricas en la ciencia ficción. La nave estelar de Brian Aldiss", en *Arqueologías del futuro*, Madrid, Akal, 2005.

mecanismos usados por Freud en "Lo siniestro"), de pronto nos enteramos de algo nuevo y escalofriante sobre el pasado del Hadj:

> Nuestra historia viene de lejos. Fue poco después de tu boda con esa mujer. ¿No te acuerdas? Estaba seguro de que no te acordarías. Lo que soy ahora [le está hablando un mendigo harapiento]... lo que soy ahora es tu culpa. ¿Recuerdas haber vendido una gran parcela de tierra en Jeko que pertenecía a nuestro clan? Después de falsificar los nombres del clan con la complicidad de gente en las altas esferas, nos quitaste las tierras que nos pertenecían. A pesar de nuestras protestas, que probaban nuestro derecho de propiedad, perdimos el caso en los tribunales. No satisfecho con habernos arrebatado las tierras, hiciste que me encarcelaran[26].

De este modo, queda expuesto el crimen primordial del capitalismo: no tanto el trabajo asalariado en sí mismo o los estragos de la forma monetaria o los ritmos despiadados e impersonales del mercado, sino el desplazamiento primordial de formas más antiguas de vida colectiva de una tierra ahora

26. *Ousmane*, ob. cit., págs. 110-111.

confiscada y privatizada. Es la más antigua de las tragedias modernas, encarnada ayer por los indígenas de Estados Unidos y hoy, por los palestinos, y Ousmane la vuelve a introducir de manera significativa en su versión cinematográfica de *The Money-Order* (llamada *Mandabi*), en la que el protagonista ahora se ve amenazado por la inminente pérdida de su propia vivienda.

Lo que quisiera destacar sobre este terrible "retorno de lo reprimido" es que condiciona una notable transformación del género narrativo: de pronto, ya no estamos en una sátira, sino en un ritual. Los mendigos y los lúmpenes, guiados por el propio Sereen Mada, acosan al Hadj y le exigen que, para liberarse de su *xala*, se someta a una ceremonia abominable de humillación y degradación ritual. El espacio figurativo de la narración se eleva a un nuevo campo en cuanto al género, que llega a tocar los poderes de lo arcaico incluso cuando presagia la destrucción utópica del presente derrotado bajo la forma de una profecía. La palabra "brechtiano", que nos viene a la mente de manera inevitable, quizá no les haga justicia a estas nuevas formas surgidas de una realidad propia del tercer mundo. Pero a la luz de este final inesperado en términos de género, el texto satírico anterior se transforma de manera retroactiva. La sátira inicial, cuyo tema o contenido era la dolencia ritual que sufría un personaje dentro de la narración, de pronto queda al descubierto como una maldición ritual por derecho propio: toda la cadena imaginada de sucesos se convierte en la maldición del mismo Ousmane sobre su protagonista y la gente parecida a él. Sería imposible aportar una confirmación más impactante del extraordinario análisis de Robert C. Elliott acerca de los orígenes antropológicos del discurso satírico en actos reales de maldición chamánica.

Quisiera terminar con algunas reflexiones sobre por qué todo esto debería ser así y sobre los orígenes y la situación de lo que identifiqué como el predominio de la alegoría nacional en la cultura del tercer mundo. Después de todo, estamos familiarizados con los mecanismos de autorreferencialidad en la literatura occidental contemporánea: ¿no deberíamos tomarla, acaso, como otra forma de autorreferencialidad en un contexto social y cultural estructuralmente distinto? Quizá. Pero en ese caso debemos invertir nuestras prioridades para entender de manera apropiada este mecanismo. Tengamos en cuenta el desprestigio de la alegoría social en nuestra cultura y la casi inevitable operación de alegoría social sobre el Otro de Occidente. Creo que debemos aprehender estas dos realidades contrastantes en términos de la *conciencia situacional*, una expresión que prefiero usar en lugar de materialismo, la palabra más común. La forma más eficaz de dramatizar esta diferencia entre dos lógicas culturales quizá siga siendo el viejo análisis de Hegel sobre la relación Amo-Esclavo[27]. Dos seres iguales luchan, y cada uno quiere obtener el reconocimiento del otro: uno está dispuesto a sacrificar la vida por ese valor supremo. El otro, un cobarde heroico en el sentido brechtiano schweykiano[28], porque ama demasiado el cuerpo y el mundo material, cede para seguir con vida. El Amo —que ahora es la materialización de

27. G. W. F. Hegel, "Señorío y servidumbre", en *Fenomenología del espíritu*, México, Fondo de Cultura Económica, 2017. El otro fundamento filosófico de este argumento se encuentra en la epistemología de Lukács en *Historia y conciencia de clase*, según la cual "cartografiar" o aprehender la totalidad social está estructuralmente más al alcance de las clases dominadas que de las dominantes. "Cartografía" [*Mapping*] es un término que usé en *El posmodernismo como lógica cultural del capitalismo tardío* (Buenos Aires, Imago Mundi, 1991). Lo que aquí denominamos "alegoría nacional" es claramente una forma de cartografiar la totalidad. Por esa razón, el presente ensayo —que esboza una teoría de la estética cognitiva de la literatura del tercer mundo— actúa como un complemento del ensayo sobre posmodernismo que describe la lógica del imperialismo cultural del primer mundo y, sobre todo, el de Estados Unidos.

28. *Schweyk en la Segunda Guerra Mundial* es una obra del dramaturgo y poeta alemán Bertolt Brecht. Fue escrita por Brecht en 1943 durante su exilio en California, y es un recuento de la novela de 1923 *The Good Soldier Švejk*, de Jaroslav Hašek. [N. de la T.]

un funesto e inhumano desprecio feudal y aristocrá-
tico por la vida sin honor— se dispone a disfrutar
de los beneficios del reconocimiento otorgado por el
otro, ahora convertido en su humilde siervo o esclavo. Pero, a esta altura, se producen dos inversiones
diferentes y dialécticamente irónicas: solo el Amo
es ahora genuinamente humano, de modo que este
"reconocimiento", otorgado en lo sucesivo por esta
forma de vida infrahumana que es el esclavo, se evapora al instante de haberlo obtenido y no ofrece una
satisfacción genuina. Hegel observa sombríamente:
"La verdad del Amo es el Esclavo; mientras que, por
otro lado, la verdad del Esclavo es el Amo". Pero
también hay una segunda inversión en curso: porque
se le pide al esclavo que trabaje para el amo y le pro-
porcione todos los beneficios materiales propios de
su supremacía. Pero esto implica que, al final, solo
el esclavo sabe qué son la realidad y la resistencia de
la materia; solo el esclavo puede alcanzar una verda-
dera conciencia materialista de su situación, precisamente porque está condenado a ella. Sin embargo,
el Amo está condenado al idealismo: al lujo de una
libertad deslocalizada en la que cualquier conciencia
de su situación concreta se evapora como un sueño,
como una palabra olvidada que está en la punta de la

lengua, una duda persistente que la mente perpleja es incapaz de formular.

Se me ocurre que nosotros, los estadounidenses, amos del mundo, estamos un poco en esa misma posición. El panorama desde la cumbre es epistemológicamente invalidante y reduce sus temas a las ilusiones de una multitud de subjetividades fragmentadas, a la pobreza de la experiencia individual de mónadas aisladas, a agonizantes cuerpos individuales sin pasados ni futuros colectivos despojados de cualquier posibilidad de aprehender la totalidad social. Esta individualidad deslocalizada, este idealismo estructural, que nos permite el lujo del guiño sartreano, ofrece un bienvenido escape de la "pesadilla de la historia", pero, al mismo tiempo, condena a nuestra cultura al psicologismo y a las "proyecciones" de la subjetividad privada. Todo esto le es negado a la cultura del tercer mundo, que debe ser situacional y materialista muy a su pesar. Y es esto lo que, finalmente, debe explicar la naturaleza alegórica de la cultura del tercer mundo, donde la narración de la historia individual y la experiencia individual no puede sino involucrar en última instancia toda la laboriosa narración de la experiencia de la propia colectividad.

Espero haber sugerido la prioridad epistemológica de esta visión alegórica desconocida; pero debo admitir que es difícil romper los viejos hábitos y que esa exposición desacostumbrada a la realidad o la totalidad colectiva a veces nos resulta intolerable y nos deja en la posición de Quentin, al final de *¡Absalón, Absalón!*, murmurando la gran negación: "No odio al tercer mundo! ¡No lo odio! ¡No lo odio! ¡No lo odio!".

Sin embargo, incluso esa resistencia es aleccionadora, y bien podríamos sentir, al enfrentarnos con la realidad diaria de las otras dos terceras partes del planeta, que, "de hecho, no había absolutamente nada atractivo allí". Pero no debemos permitirnos ese sentimiento sin reconocer también el remate final burlón: "Su vida estaba basada en los principios de la interdependencia comunitaria".

Índice

El
concepto "tercer
mundo" fue acuñado en 1952
por Alfred Sauvy, un economista
francés, en su artículo "Tres mundos, un
planeta". La idea de tercer mundo la usa Sauvy
para describir países que no se alineaban ni con el
bloque capitalista (primer mundo) ni con el bloque
comunista (segundo mundo) durante la Guerra Fría.
En la evolución del concepto, terminó quedando aso-
ciado más bien al subdesarrollo y al nivel de desarrollo
económico. A lo largo del tiempo, las críticas hacia el
uso de "tercer mundo" como concepto descriptivo han
crecido, justamente porque es un término con una
carga peyorativa y que además es poco preciso.
¿Está bien que se siga utilizando, o es hora
de buscar nuevas maneras de referir-
nos en términos geopolíticos a
esos países?